De Ultieme Winnende Strategie
voor ondernemers

De Ultieme Winnende Strategie
voor ondernemers

Jasmin Hajro

Jasmin Hajro

ISBN-13:
978-1721574223

ISBN-10:
1721574220

Omslagontwerp door

Jasmin Hajro

Tweede druk 2018

In dit korte maar krachtige boek ontdek je :

De bio van auteur Jasmin Hajro

&

De Ultieme Winnende Strategie voor ondernemers

&

Bonus : 4 previeuws

&

Bonus boek

De bio van auteur Jasmin Hajro, even kennis maken

Hallo beste lezer,

hoe gaat het ?

Bedankt voor kopen van boekje De Ultieme Winnende Strategie voor ondernemers.

Mijn naam is Jasmin Hajro, ik ben geboren op 6 juli 1985 in Bosnie.
Als vluchtelingen kwamen we naar Nederland, 21 jaar geleden.
Na school te hebben doorlopen & verscheidene banen...

Heb ik op 17 december 2012, mijn eerste onderneming opgericht: beleggingsbedrijf Jasko.
Na een succesvol eerste jaar, heb ik helaas de onderneming moeten sluiten.
Na een korte periode van rust, ww en tijdelijk werk. Begon ik weer als ondernemer.

Op 1 september 2015, heb ik onderneming Hajro opgericht.
Sinds het begin is de kernactiviteit, het verkopen van setjes
wenskaarten, deur tot deur.

Tegenwoordig is het assortiment uitgebreid.

Met o.a. de verkoop van mijn 4 boeken :

Bouw jouw fortuin,

Moneymaker,

Recept voor Geluk,

de Reddingsboei voor banken : "loyaal bankieren"

De royalties van mijn boeken worden gedoneerd
aan het Goede Doel : stichting Giveth Life.

Mijn onderneming is tegenwoordig Hajro Groep,
en bestaat uit 20 verschillende dochterondernemingen,
die onderdeel zijn van 1 overkoepelende organisatie.

Voor meer informatie over mijn onderneming &
de stichting, ga naar www.hajrobv.nl

" Trouwens, ik ben mijn eerste bedrijf begonnen in 2012.

Ik heb meer dan 700 sales gemaakt, sinds 1 september 2015 tot nu toe.

Dus ik heb een trackrecord, en weet waar ik over praat. "

" Zoals je vast al begrepen hebt,
verdien ik mijn geld door te verkopen voor mijn eigen bedrijf.
Dat is mijn werk.

De opbrengst van mijn boeken gaat naar het Goede Doel.

Ik schrijf uit ervaring,
ik schrijf om mensen vooruit te helpen. "

De Ultieme Winnende Strategie voor ondernemers

Hoe meten we succes in zaken ?
Met monetaire puntjes, met verdiende euros.

Wat is succesvol ondernemen ?

Succesvol ondernemen =
veel verkopen

We zijn dus succesvol aan het ondernemen,
als we veel verkopen.

Dus succes in ondernemen = veel verkopen
(veel verkopen realiseren / veel sales closen)

Want sales (verkoop) levert winst op.

Wat is nou de Ultieme Winnende Strategie ?

Eerst beginnen we met het concept,
daarna krijg je 2 voorbeelden uit de praktijk.

Heb je wel's opgemerkt dat supermarkten 7 dagen per week open
zijn ?

Supermarkten zijn misschien een minder goed voorbeeld,
omdat we nou eenmaal moeten eten en drinken.

Ben je wel's bij de Esso benzinepop geweest ?

De Esso benzinepop heeft een winkeltje met personeel,
en is 24 uur per dag, 7 dagen per week geopend.

En nee, ook al lijkt het dat we benzine nodig hebben,
de Esso had ook een zelfbedieningspop kunnen worden,
waar je zelf tankt en met pin afrekent.

Maar de Esso heeft een winkeltje met een winkelbediende.

Wat doen de supermarkten iedere dag ?

Ze maken sales, en winst
Iedere dag.

Wat doet de Esso iedere dag en nacht ?

De Esso maakt sales dag en nacht,
iedere dag.
Dus maakt de Esso winst,
iedere dag en nacht

De supermarkten en de Esso zijn succesvol
omdat ze iedere dag verkopen realiseren
en dus iedere dag winst maken.

<u>De Ultieme Winnende Strategie voor ondernemers</u>
<u>is</u>
<u>iedere dag winst maken.</u>

Iedere dag van het jaar winst maken.

Dat doe je door iedere dag te verkopen,
en dagelijks sales te closen.

Jouw voorsprong op je concurrentie

Als je iedere dag verkoopt & iedere dag winst maakt,
heb je dan een voorsprong op ondernemingen
die alleen maar 5 dagen per week winst maken ??

<u>Praktijkvoorbeeld 1</u>

Ik heb van maandag 18 september 2017 tot en met
woensdag 27 september 2017,
10 dagen achter elkaar lopen verkopen,
en 22 sales in totaal gemaakt.

Dus iedere dag sales gemaakt & iedere dag winst gemaakt.

Dat is de Ultieme Winnende Strategie voor ondernemers in actie.
(in de praktijk van ondernemen)

Nou als we eerlijk zijn,
dan weten we wel dat de transactiewaarde
van sets wenskaarten bescheiden is.
En dus ook de winst per sale.

Maar verkijk je niet op die cijfers...
Je krijgt straks een praktijkvoorbeeld van iemand die 1 miljoen
maakte.

Het gaat erom dat jij het succesvolle Concept
van de Ultieme Winnende Strategie voor ondernemers begrijpt
en dat je ziet bewezen dat het werkt.

Dat concept begrijp je nou,
je hebt enkele voorbeelden van ondernemingen gezien
die de Ultieme Winnende Strategie toepassen.
Je hebt een praktijvoorbeeld gezien
van mij.

En je weet dus 100% zeker dat de Ultieme Winnende Strategie
werkt.

Mensen hebben wenskaarten niet nodig
zoals eten en drinken,
maar ze kochten iedere dag
en ik maakte iedere dag winst.

Dus het maakt niet uit wat voor product of dienst jij verkoopt.

De Ultieme Winnende Strategie werkt ook voor jou.

Stap verder

Jij begrijpt nou de Ultieme Winnende Strategie voor ondernemers,
je weet dat het werkt.

Dus nou ga je het doen.

Je gaat het implementeren.

Ik vraag je niet om 7 dagen per week te werken,
al zou je het wel een keer moeten doen.

Jij kan verkopen van maandag tot en met vrijdag &
iemand in dienst nemen die verkoopt voor jou
van zaterdag tot en met maandag (een parttimer)

En dan heb je al iedere dag sales & iedere dag winst.

Als ik het alleen kan,
dan kan jij het zeker met 2 personen !

Zijn er nog meer manieren waarop je iedere dag sales
kunt maken & iedere dag winst ?

Bedenk en vind 20 manieren,
waarmee je iedere dag sales maakt

en dus iedere dag winst maakt.

Schrijf ze op

1 Een verkoper aannemen
2 Een team van verkopers creeren
3
4
5
6
7
8
9
10
11
12
13
14
15
16
17
18
19
20

Praktijkvoorbeeld 2

Ga naar www.youtube.nl en bekijk het filmpje van Walter Bergeron,
GKIC marketer of the year.

Het fimpje duurt ongeveer een half uurtje.

Let goed op als ie zegt : that means also on saturdays and sundays.

(dat ie 7 dagen per week aan het verkopen was en iedere dag winst maakte)

Zie je wat de Ultieme Winnende Stratgie voor ondernemers, voor jou kan doen ?

Ga aan het werk,
ga iedere dag verkopen & iedere dag winst maken.

Pas je 20 manieren toe,
geef je sales een boost,
een maak veel winst.
Iedere dag van het jaar.

Ik wens je veel succes.

Met vriendelijke groeten,

Jasmin Hajro

Hajro
Ottawastraat 19
7007 BC
   Doetinchem,
the Netherlands
KvK : 65686306

www.hajrobv.nl
amazon.com/author/jasminhajro

P.S. Als je dit een goed boek vindt, zou je dan zo vriendelijk willen zijn
om het aan te raden bij mensen die je kent.?
Zodat het hun ook vooruit helpt.
Dank je wel.

Preview boek Bouw Jouw Fortuin

<u>het Betaal jezelf eerst principe</u>

Het betaal jezelf eerst principe.

Het betekent dat wanneer je jouw geld ontvangt,
je eerst jezelf betaalt door bijvoorbeeld een tiende opzij te zetten.

Om het resultaat hiervan te verduidelijken,
maken we een voorbeeld berekening.

Je verdient bijvoorbeeld 3000,- euro per maand.
En je betaalt jezelf eerst,
oftewel : je zet een tiende (10%) van je inkomen opzij.
Dus 300,- euro per maand.

Het jaar heeft 12 maanden,
dus na 1 jaar heb je (12 x 300) = 3600,- euro.
Na 1 jaar heb je een heel maand salaris opzij gezet.

Als je iedere maand een tiende opzij zet,
hoeveel heb je dan na 10 jaar ?

(3600 x 10) = 36000,- euro.
Dus na 10 jaar heb je 36000,- euro
oftewel een heel jaar salaris opzij gezet.

Verderop in dit boek : Bouw jouw Fortuin,
ziet u hoe u dat bedrag dat u maandelijks opzij zet.
Harder kunt laten groeien.

Preview boek Bouw Jouw Fortuin

10 % van alles

Het is belangrijk dat wanneer je eerst jezelf betaalt,
door 10 % opzij te zetten.
Dat je 10 % van alles opzij zet.

Natuurlijk 10 % van je inkomen.

Maar ook 10 % van de fooi als je die krijgt,
ook 10 % van je toeslagen,
ook 10 % van je cadeaugeld,
ook 10 % van je 13de maand,
ook 10 % van je bonus,
ook 10 % van je loonsverhoging,
ook 10 % van je belasting teruggaaf,
ook 10 % van je welkomstpremie.

Vanuit welke hoek of van wie dan ook je geld ontvangt,
het eerste wat je doet is jezelf eerst betalen.
Door een tiende ervan opzij te zetten.

Einde preview

Voor meer informatie over dit boek , ga naar onze verbeterde

Preview boek Moneymaker

Moneymaker 3.

de bijbel voor ondernemers, geschreven door een ondernemer.
Dus jouw dagelijkse kost.

Nee, het gaat niet over GOD.

Er staat, geschreven door een ondernemer.....

JIJ LEEST ALLEEN MAAR BOEKEN DIE GESCHREVEN
ZIJN DOOR MENSEN DIE EEN EIGEN BEDRIJF HEBBEN !!
Begrijp je dat ?

Zo voorkom je dat je geest voedt met BULLSHIT.
En dat je BULLSHIT gaat modelleren.
Dus bespaar je jezelf tijd en geld.

Ok, dan even over die Ondernemersbijbel.
Het heet No Excuses, the Power of self discipline En is
geschreven door Brian Tracy

En ja die heeft een eigen bedrijf. Anders stond zijn naam hier
Niet.

Het komt toch op zelf discipline neer.
En zelf discipline maakt dat jij je heel erg Goed voelt over jezelf.

Als je gaat sporten bijvoorbeeld, terwijl de meeste mensen tv aan het kijken zijn.

Als je op zaterdag werkt, terwijl de meeste mensen weekend houden.

Als je op zondag een stap zet richting het bereiken van je doelen.

Bovenstaande 3 voorbeelden, vereisen zelf discipline van jou.

Maar over 1, 3, 5 jaar waar sta jij dan ?

En waar de meeste mensen ?

Wel's een dag gewerkt met pijn omdat je tanden afgebroken waren ?

Wel's gewerkt met 2 uurtjes slaap, de nacht ervoor ?

Wel's gewerkt zonder te hebben geslapen, de nacht ervoor ?

Het was vast makkelijker om toen, tv te gaan kijken.....

Maar dan zou ik nou voor jou een Bullshitter zijn, en niet iemand die je respecteert.

Oh jah, koop de ondernemersbijbel. NU.

Preview boek Moneymaker

Moneymaker 2.

Twee dingen waar je dagelijks je tijd aan MOET besteden

Welke 2 zijn dat ?

Tv kijken en op Facebook zitten ?

Zonder BULLSHIT, dus :

SALES & DIRECT MARKETING

Als je iets verkoopt (sales), dan komt er winst binnen.

Als je goed wordt in (direct marketing), dan komt er winst
binnen.

Met marketing bespaar je jezelf tijd tijdens het verkopen.
Je hoeft tijdens je presentatie niet uit te leggen wie je bent en wat
je onderneming doet.

Hoeveel uur per werkdag besteed Jij aan sales ?

Hoeveel uur per werkdag besteed Jij aan Direct Marketing ?

WAT GEBEURT ER ALS JE ALLEEN MAAR JE TIJD
BESTEEDT AAN SALES & DIRECT MARKETING ??

Heb je dan meer winst en dus meer geld ?

Einde preview

Voor meer info over dit boek van mij, ga naar www.hajrobv.nl

<u>Preview boek Recept voor Geluk</u>

Simpel ?

Zeker, maar je moet het wel even doen,

iedere dag,

totdat je er niet meer over na hoeft te denken,

en je het automatisch gaat doen.

Even wat Geluksingredienten op een rij :

–   Kijk iedere dag comedy, minimaal een uur

–   Eet ijs, trakteer iemand op een ijsje

–   Ga sporten, lekker van je afslaan met tennis of lekker
hardlopen

–   Pis in de tuin

(en als je een boete krijgt voor wildplassen, dan lach je je
helemaal stuk)

- Maak je geen zorgen, het leven is te kort daarvoor
(door bezig te blijven, heb je geen tijd om je zorgen te maken)

- Knuffel mensen waar je van houdt

- Ga gezellig een kopje koffie drinken

- Neem een kat of een ander huisdier

- Als je geld ontvangt, spaar gelijk een deel ervan

Einde preview

<u>Preview 4, Kleine introductie met oprichting Hajro</u>

Hajro zet zich in voor de mensen in provincie Gelderland,
door mensen aan het werk te houden,
door te doneren aan Goede Doelen,
en door jou te helpen om rijker te leven.

Tegenwoordig is Hajro
een dochteronderneming van Hajro Groep.

De Hajro Groep bestaat uit 20 verschillende ondernemingen,
die allemaal deel uit maken
van 1 overkoepelende organisatie.

We hebben nou verschillende producten & diensten,
en we steunen meer dan 40 Goede Doelen.

Bezoek ons op www.hajrobv.nl

en ontdek wat we nog meer voor jou kunnen betekenen.

De previews kon je als Bonus gratis lezen.

Zo weet je beter waar mijn boeken over gaan,
en welke ervan een goede keuze is voor jou.